Gesund und köstlich, spritzig und »in«, ein Drink für jede Gelegenheit – die Kombucha-Fangemeinde wächst von Tag zu Tag. Ob fertig gekauft oder selbst gemacht, Kombucha überzeugt durch Wirkung und Geschmack. Nur ein Trend? Gewiß nicht, denn das Gebräu auf Teebasis hat eine uralte Tradition als heilkräftiger »Zaubertrank«.
Wie wirkt's? Wie wird's gemacht? Und wie angewendet? Um das und mehr geht's im Folgenden.

Martina Wörner

Inhalt

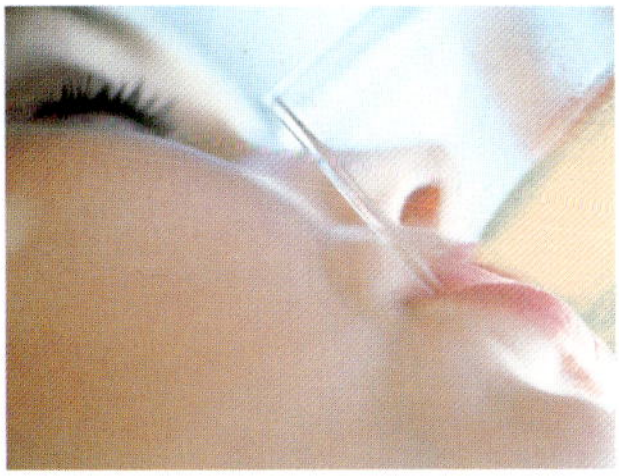

Kombucha

Der Power-drink

Kombucha ist in aller Munde

Ganz Hollywood schwört auf einen neuen Powerdrink: Kombucha (sprich Kombutscha). Pop-Lady Madonna trinkt täglich mindestens ein Glas vor dem Frühstück, Schauspielerin Daryl Hannah züchtet ihre eigene Pilzkultur im Wohnzimmer und Denver-Star Linda Evans geht nichts über eine Gesichtsmaske aus Kombucha. Kombucha – da muß etwas dran und drin sein. Was verbirgt sich hinter dem wundersamen Teepilz?

Kombucha – köstliches Lebens-elixier

Kombucha-Freaks sind kaum zu bremsen – alle trinken es, alle lieben es, alle schwören drauf. Stellt sich die Frage: Was ist Kombucha überhaupt?

Tee mit »Pilzeinlage«

Die Antwort ist einfach: vergorener Tee.
Der entsteht mit Hilfe einer schwammigen, gallertartigen Masse, die allgemein als Pilz bezeichnet wird, eigentlich aber gar keiner ist (Seite 9).
In gezuckertem, lauwarmem Tee eine gute Woche lang eingelegt, läßt der »Pilz« diesen Tee gären.
Die Flüssigkeit bekommt eine honig-goldene oder dunkelrote Farbe, prickelt wie Prosecco und schmeckt wie ein Mix aus mildem Apfelessig und vergorenem Apfelsaft.

Verleiht Bärenkräfte …

Diesem Drink werden eine ganze Menge positiver Eigenschaften nachgesagt: Er soll Bärenkräfte verleihen, das Leben verlängern, jung, vital und schön machen und Krankheiten ein Schnippchen schlagen.

»O Trank der süßen Labe«

Kombucha, egal ob fertig gekauft oder selbst gebraut, schmeckt erfrischend und köstlich. Viele Fans trinken schon morgens auf nüchternen Magen das erste Glas auf ihre Gesundheit – und dann über den Tag verteilt noch ein oder zwei weitere Gläser (Seite 26). Andere haben ihn als trendigen Aperitif entdeckt – pur oder mit Sekt gemischt – oder mixen ihren Gästen köstliche Cocktails daraus (Seite 29).
Auch der »Pilz« selbst bietet mehr als eine gute Seite: Aus ihm lassen sich tolle Gesichtscremes und -masken herstellen, die eine Wohltat für jede Haut sind.

Renaissance eines Biotrunkes

Trotz aller Modeerscheinungen ist der vergorene Tee nicht neu. Im Gegenteil – es gibt ihn schon viele hundert Jahre. Seltsamerweise stößt man auf vollkommen verschiedene Wurzeln in völlig unterschiedlichen Kulturkreisen. Wer Kombucha zuerst entdeckt und welches Volk ihn zuerst gebraut hat,

Kombucha zu jeder Gelegenheit, von morgens bis abends – wer's probiert hat, schwört drauf!

ist unklar. Um die Entstehung ranken sich viele Geschichten.

Die Chinesen-Story

Im alten China, so eine Sage, verehrte man den Teepilz als göttliches Geschenk. Er sollte für langes Leben und Zauberkräfte sorgen. Bereits zu Zeiten der Han-Dynastie vor 2 000 Jahren kreierte man daraus ein leckeres Getränk.

Die Japaner-Story

Etwa 400 Jahre nach Christus wurde Kombucha auch in Japan bekannt. Damals, so heißt es, litt der japanische Kaiser Inkyo an einem schmerzhaften Magenleiden. Er hörte von einem koreanischen, wandernden Arzt namens Kombu, der über besondere Heilkräfte verfügen sollte.
Dr. Kombu untersuchte den Kaiser und verordnete ihm dann ein einziges Heilmittel: vergorenen Tee.
Tatsächlich ging es dem Kaiser nach einigen Tagen viel besser. Seither nannte man dieses ungewöhnliche Getränk »Tscha (japanisch für Tee) des Kombu« – beziehungsweise Kombu-tscha. Oder schlichtweg: Kombucha.

info:

Kind mit vielen Namen

Für Kombucha gibt es weltweit viele Synonyme – doch gemeint ist immer ein vergorener Tee:

Algentee, Champagne of Life, China-Pilz, Chinesischer Teepilz, Combucha, Combuchaschwamm, Indian wine fungus, Gichtqualle, Heldenpilz, Japanisches Mütterchen, Kargasok-Schwamm, Kwas, Magic Mushroom, Miracle fungus, Russische Mutter, Tea cider, Titania, Wolgapilz, Wolgaqualle, Wunderpilz, Zaubersaft.

Die Taiwan-Story

Der österreichische Missionar Hermann-Josef Weidinger bietet eine andere Erklärung für die Herkunft des Namens. Er lebte viele Jahre auf der Insel Taiwan und war beeindruckt von einem süßsäuerlich schmeckenden Getränk der Einheimischen. Es hieß »K'un-Pu-ch'a«, zu deutsch »Leben-das-aus-dem-Meer-stieg-Tee«. Der ungewöhnliche Name beschrieb einfach, daß es sich um einen Teeaufguß aus getrockneten Algen handelte.

Die Rußland-Stories

Die folgende Geschichte erzählt von einer Reisenden, die ins russische Kargasok fuhr. Auffällig erschienen ihr die vielen Menschen, die bereits einige Jahre auf dem Buckel hatten, aber vor lauter Vitalität und Lebenslust regelrecht strotzten.
Sie freundete sich mit den Bewohnern an und wurde sogar zu einer Hochzeit eingeladen.

Die Braut war 88 Jahre alt und der Bräutigam 130 Jahre. Beide sahen noch strahlend aus, hatten kaum Falten und

Furchen im Gesicht und waren frohen Mutes, noch viele gesunde Kinder in die Welt zu setzen. Gerne verrieten sie der Freundin ihr Geheimnis: Sie mixten ihren Tee mit einem speziellen Pilz und tranken davon mindestens zwei Gläser täglich. Auch hierbei handelte es sich um eine Art Kombucha.

Aus Rußland kommt noch eine weitere Version über die Herkunft des Namens: Schwarzer Tee spielte in Asien sowie in der ehemaligen Sowjetunion eine wichtige Rolle. Aber nicht jeder konnte sich den kostbaren Tee leisten.
Also griff man auf einen günstigeren Tee-Ersatz zurück, der ursprünglich aus Japan kam. Er wurde aus einer Braunalge gewonnen, die man »Combu« nannte.

Kombucha ist vergorener Tee. Den schätzt man seit alten Zeiten als Fitmacher und Gesundheitselixier. Dabei schmeckt er weder bitter noch »gesund«, sondern einfach köstlich.

Einmal um die Welt

Heute weiß man, daß auch in der ehemaligen Tschechoslowakei der Wunderpilz schon vor vielen Jahren gezüchtet wurde – zum Beispiel in böhmischen Klöstern.
In den zwanziger Jahren fand der Pilz weiter südlich Verbreitung und war fortan in Jugoslawien und Ungarn zu finden. Während des ersten Weltkrieges verkauften polnische Apotheker Kombucha als Abführmittel und kostbaren Speiseessig.
Von dort war der Sprung nach Deutschland nicht mehr weit.

Was ist wirklich drin und dran?

Alle reden vom Teepilz. Dabei ist er – streng genommen – gar kein Pilz. Schon gar keiner mit Stiel und Hütchen.

Natürliche Lebensgemeinschaft

Die Meinungen der Gelehrten gehen auch hier auseinander. Manche halten das gallertartige Gebilde für einen Schwamm, andere bezeichnen es als Flechte. Fakt ist: Kombucha ist eine Lebensgemeinschaft (Symbiose) aus verschiedenen Hefezellen, Algen und anderen Mikroorganismen – typisch für eine Flechte.

Mehr Flechte als Pilz

Flechten gibt es schon seit über zwei Milliarden Jahren. Ursprünglich begann ihre Entwicklung mit Meeresalgen, die eigentlich ans Wasser als Lebensraum gebunden waren. Als sie sich Richtung Land bewegten, brauchten sie einen Verbündeten, um auch in der neuen Umgebung leben zu können. Da stießen sie auf einen Pilz. Mit ihm gingen sie eine Art Zweckwohngemeinschaft ein, in der jeder von beiden wichtige Funktionen erfüllte: Die Alge versorgt den Pilz mit organischen Nährstoffen und Kohlenhydraten, während das Pilzgeflecht die Alge mit Wasser versorgt.

Der »Pilz« ist eine schwammige, gallertartige Masse, die gezukkerten Tee gären läßt.

Flechten mit Heilkräften

Flechten genießen bei Naturheilkundlern einen guten Ruf. Denn einige Arten ihrer Gattung, etwa das Isländisch Moos, besitzen hervorragende Heilkräfte bei Erkrankungen. Mittlerweile kennen wir über 16 000 verschiedene Flechtenarten. Kombucha ist eine von ihnen.

info:

PILZ ODER NICHT PILZ?

Weil Kombucha überall als Teepilz bezeichnet wird – obwohl das biologisch nicht korrekt ist –, bleiben auch wir bei dieser Bezeichnung.

Die inneren Werte

Auf den ersten Blick sieht der Kombucha-»Pilz« wenig appetitanregend aus. Er hat die Form einer flachen, gummiartigen, hellgrauen oder bräunlichen Scheibe. Er sieht fast so aus wie ein dicker, fetter Pfannkuchen.

Kleine Chemie-Fabrik

Diese zähe Flechtenmembran entsteht, wenn der Pilz die Nährstoffe im Tee verarbeitet. Während dieses Gär- und Oxidationsprozesses laufen viele komplizierte chemische Reaktionen ab. Bakterien und Hefepilze arbeiten bei wohlig-warmen Temperaturen unter optimalen Bedingungen auf Hochtouren. Sie vermehren sich, lassen die Pilzscheibe wachsen und produzieren nebenbei viele gesundheitlich wertvolle Stoffe:

Milchsäure

Kombucha ist reich an der sogenannten rechtsdrehenden L(+)-Milchsäure. Sie wird vom Körper relativ schnell verarbeitet, während er zur Verdauung der linksdrehenden L(-)-Milchsäure etwas mehr Zeit braucht. L(+)-Milchsäure regt die Verdauung an, fördert die Durchblutung und aktiviert den Stoffwechsel der Leber. Ausreichend L(+)-Milchsäure im Körper wappnet ihn bestens gegen Krebs.

Glukuronsäure

Sie entsteht in komplizierten biochemischen Vorgängen durch die Oxidation von Traubenzucker.
Beim gesunden Menschen wird Glukuronsäure in der Leber gebildet.

Die Leber filtert das Blut und untersucht jeden einzelnen Tropfen genaustens auf seine Inhaltsstoffe. Nährstoffe werden verwendet, Fremdstoffe herausgefiltert und Giftstoffe neutralisiert.

Glukuronsäure hilft dem Organ dabei. Sie verbindet sich mit Giftstoffen wie Nikotin, Alkohol oder Medikamenten, macht sie wasserlöslich und unterstützt ihre Ausscheidung.

info:

Kombucha war gefragt

1996 verschickte die texanische Kombucha-Anhängerin Ariana Estelle-Symons einen Fragebogen an 700 Kombucha-Freunde. Insgesamt erhielt sie 404 Fragebögen zurück aus allen 50 Staaten der USA sowie aus Kanada, Mexiko, Israel, Großbritannien, Neuseeland, Taiwan, Holland und mehr. 222 Männer und 182 Frauen antworteten. Das Ergebnis: Durchschnittlich 2,4 Familienmitglieder pro Haushalt tranken täglich ein Glas Kombucha, zum Beispiel aus den folgenden Gründen:

27 % trinken Kombucha zur allgemeinen Vorsorge
81 % fühlen sich deutlich besser, seitdem sie Kombucha trinken
80 % sind dadurch von ihrer Verstopfung befreit
44 % freuen sich über die gesteigerte Energie
19 % haben weniger Allergien
17 % haben weniger Lust auf Süßigkeiten
27 % schlafen besser
10 % haben weniger Hautprobleme
30 % haben mit Kombucha ihr Übergewicht reduziert
8 % haben mehr Lust auf Sex

Es gibt also viele gute Gründe, Kombucha zu trinken. Und jeder mag die Auswirkungen des Zaubertranks anders empfinden, denn jeder Organismus hat seinen eigenen Rhythmus, seine Vorlieben und Bedürfnisse.

Polysaccharide

Sie gehören zu den Kohlenhydraten und liefern dem Organismus eine Menge Energie, zum Beispiel für die Aufgaben der Körperzellen. Polysaccharide sind die Basis fürs Bindegewebe und ein Grundbaustein für Knorpel.

Auf dem Prüfstand

Zahlreiche Wissenschaftler haben den angesäuerten Tee inzwischen genauer unter die Lupe genommen. Immer mit dem Ziel, die einzelnen Wirk- und Heilstoffe des Tees zu ergründen und genau zu analysieren. Aber aus deren Eigenschaften auf die Wirkung von Kombucha zu schließen, ist gar nicht so einfach – denn entscheidend ist die Summe und die Zusammensetzung der einzelnen Komponenten.

Generell läßt sich aber sagen, daß Kombucha zahlreiche gesundheitsförderliche Stoffe in harmonischer Zusammenstellung enthält. Gemeinsam sorgen sie für mehr Wohlbefinden und Gesundheit, weil sie den Stoffwechsel unterstützen und das Immunsystem stärken.

Kombucha ist nicht gleich Kombucha

Kombucha-Kulturen gibt es seit vielen hundert Jahren in zig verschiedenen Ländern der Erde. Jeder Kombucha-Teepilz wird anders gezüchtet, zum Beispiel mit einer anderen Kombination aus Hefen und Bakterien, in einer anderen Teesorte, mit einem anderen Zuckergehalt, unter individuellen Gärbedingungen (Wärme, Ruhe, Licht). Welches Kombucha-Getränk ist also das richtige?

Kombucha am Morgen: gesunder Muntermacher und Fitneß-Kick.

Jedem das Seine

Gute Frage, schwierig die Antwort. Wichtig ist sicher, daß der Teepilz richtig gepflegt und schonend behandelt wird und das Getränk unter hygienisch einwandfreien Bedingungen hergestellt wurde.
Geschmack und Wirkung dürfen ruhig etwas variieren – ganz bewußt werden zum Beispiel unterschiedliche Teesorten verwendet, um deren Wirkstoffe zusätzlich zu nutzen (Seite 14).
Sie können Kombucha fertig kaufen (Seite 13) oder Ihr individuelles Fitneßgetränk selbst zubereiten (Seite 14).
Entscheidend ist letztlich die persönliche Erfahrung – wirkt und schmeckt Ihr Kombucha-Getränk, dann ist es genau das richtige für Sie.

Kombucha selbst gebraut

Wie hätten Sie's denn gern?

Süßlich oder sauer? Fruchtig oder herber?

Manche sind überglücklich und stolz, wenn sie ihn unter die Leute bringen dürfen, andere wägen haargenau ab, wen in ihrem Bekanntenkreis sie mit einem Baby-Kombucha-Pilz beglücken möchten … Wenn Sie tatsächlich die Chance bekommen, einen Kombucha-Pilz zu erben, greifen Sie zu! Er ist ein treuer Freund, der Ihnen lange erhalten bleibt – ohne große Ansprüche. Und Zubereitung und Pflege sind kinderleicht.

Kochen oder kaufen?

Das ist hier die Frage – die sich jeder nur selbst beantworten kann.

Cash or Care

Wer wenig Zeit und Lust hat, sich mit dem Teepilz zu beschäftigen, aber dennoch nicht auf die gesundheitlichen Vorzüge verzichten möchte, kann natürlich ein fertiges Kombuchagetränk kaufen.
Derzeit sind mindestens zwei Produkte im Handel erhältlich: im Supermarkt, im Reformhaus, in der Drogerie oder Apotheke. Die Preise sind sehr unterschiedlich. Auch der Geschmack variiert, da sie aus verschiedenen Tees hergestellt sind.

Aus eigener Kellerei

Die Zutaten für einen Kombucha-Ansatz lassen sich an einer Hand abzählen:

Kombucha fertig zu kaufen, ist natürlich am einfachsten. Aber es ist auch ganz einfach, den Powerdrink selbst herzustellen.

Tee, Zucker und Kombucha-Pilz.
Die Herstellung ist kinderleicht: Einfach einen Tee kochen, Zucker einstreuen, auf Zimmertemperatur abkühlen lassen, Teepilz (Bezugsquelle Seite 46) zugeben und alles in einem Glas leicht zugedeckt gären lassen.
Für Letzteres sollten Sie Geduld mitbringen. Hetzen Sie Ihren Pilz nicht – er mag es, ruhig, gemütlich und streßfrei an einem warmen Ort zu stehen.

Und nach zehn bis zwölf Tagen belohnt er sie mit einem köstlichen Getränk. Wohl bekomm's!

Es kursiert das Gerücht, daß selbst hergestelltes Kombucha ungesunde Keime enthalten könne. Wenn Sie aber bei der Zubereitung auf Sauberkeit achten, gibt es nichts, was gegen die häusliche Produktion spricht.

Man nehme ...

Zutat Nr. 1: Tee

Welchen Tee Sie für Kombucha nehmen, hängt von Ihren geschmacklichen Vorlieben ab. Oder davon, wie er auf den Körper wirken soll. Tee ist weit mehr als gefärbtes Wasser mit Geschmack.

Tee-Geschichte(n)

Schon lange vor unserer Zeitrechnung verwendeten die Chinesen Tee als Arzneimittel. Zu Recht, denn je nach Sorte stecken in ihm viele Heil- und Wirkstoffe.
Um die Herkunft des Tees ranken sich viele Geschichten. Eine buddhistische Legende erzählt von dem Mönch Bodhi-Dharma, der sich genervt die Augenlider abschnitt, weil ihm beim Meditieren die Augen immer zufielen. Aus den weggeworfenen Lidern sollen dann die ersten Teesträucher gewachsen sein. Eine andere Legende berichtet vom chinesischen Kaiser Sheng-Nung, der sich jeden Tag Trinkwasser abkochte. Eines Tages fielen ihm Blätter des Teestrauches in den Kessel. Das Wasser verfärbte sich goldgelb und schmeckte köstlich.

Heute werden allein nach Deutschland pro Jahr rund 20 000 Tonnen Tee importiert. Der größte Teil stammt aus der nordindischen Provinz Assam.

Tees für Kombucha

Als »Klassiker« gilt hierzulande Kombucha mit Schwarztee und raffiniertem (weißem) Haushaltszucker. Auf diese Mischung schwören eingefleischte Kombucha-Freaks. Andere stehen auf einen Teemix, wieder andere setzen die Nährlösung mit Honig an.
Entscheidend ist, welche Teesorte Ihnen am besten schmeckt und welchen Zweck Sie mit dem Trunk verfolgen.

Wichtige Basis des Kombucha-Getränks: Tee – in allen Varianten, vom Schwarz- und Grüntee bis zu verschiedensten Kräuter- und Früchtetees.

Die Teesorten

Es gibt viele verschiedene Teesorten. Und es gibt deutliche Unterschiede auch innerhalb einer Sorte – in Geschmack und Qualität. Entscheidend dafür sind die Boden- und Klimaverhältnisse sowie das Alter der Pflanzen, außerdem die Verarbeitung, Verpackung und Lagerung der fertigen Tees.

Schwarzer Tee

So ist Schwarztee nicht gleich Schwarztee. Es gibt zum Beispiel den kräftigen, würzigen Assamtee, den etwas bitteren Ceylontee, die mildere Ceylonmischung, den mineralstoffhaltigen Darjeelingtee oder die aromatische Ostfriesenmischung (aus indischem und indonesischem Tee).

- Wirkstoffe: Fluor (gut für die Zähne), Koffein (der Muntermacher), Gerbsäuren (wirken beruhigend auf Magen und Darm), Flavonoide (schützen vor Herz-Kreislauf-Erkrankungen).
- Dosierung: Auf 1 Liter Wasser 1 bis 2 gehäufte Teelöffel. Zubereitung siehe Seite 21.

Grüner Tee

Der wesentliche Unterschied zwischen grünem und schwarzem Tee liegt in der Weiterverarbeitung der Blätter nach dem Pflücken.

Bei der Herstellung von Schwarztee werden die Blätter gewelkt, gerollt, fermentiert (vergoren) und getrocknet. Beim Grünen Tee werden die Blätter nicht vergoren, sondern lediglich schonend gedämpft oder geröstet. Dadurch behalten sie ihre grüne Farbe und viele ihrer Inhaltsstoffe.
In seiner asiatischen Heimat wird Grüner Tee so häufig getrunken wie hierzulande Mineralwasser. Zu Recht, denn Grüner Tee enthält eine erstaunliche Menge wirksamer Substanzen.

- Wirkstoffe: Zum Beispiel Aluminium (in Maßen hilft es gegen Sodbrennen), ätherische Öle (beeinflussen die Psyche auf vielfältige Weise positiv), Flavonoide (gegen Herz-Kreislauf-Erkrankungen) und Vitamin C.
- Dosierung: Auf 1 Liter Wasser 1 bis 2 gehäufte Teelöffel. Zubereitung Seite 21.

info:

SCHWARZ ODER GRÜN?

- Es gilt als sicher, daß Kombucha, der mit schwarzem Tee angesetzt wurde, einen hohen Milchsäuregehalt (Seite 10) aufweist. Wem dies wichtig ist, sollte Kombucha mit diesem Tee ansetzen.
- Wer Kombucha mit Grünem Tee ansetzt, schlägt zwei Fliegen mit einer Klappe. Dieser Fitneßdrink hat hohe gesundheitliche Vorzüge. Das Immunsystem wird noch besser geschützt, Krankheitserreger in Schach gehalten und Herzgefäße vor Verkalkung geschützt.

Kräutertee

Neben schwarzem und grünem Tee gibt es natürlich noch klassische Kräutertees. Sie werden häufig zur Behandlung von Krankheiten oder Vorbeugung aufgebrüht.

- Wichtig: In Kombucha verstärken die Kräuter ihre Wirkung. Je nach erwünschtem Effekt kann so eine Teemischung gezielt bei Beschwerden wie Schlaflosigkeit, Verstopfung oder Blasenentzündung eingesetzt werden (Seite 38).
- Dosierung: Etwa 2 gehäufte Teelöffel auf 1 Liter Wasser.

Nicht zu empfehlen: Nehmen Sie für Ihr Kombuchagetränk keine Teesorten, die einen hohen Gehalt an ätherischen Ölen aufweisen.
Dazu zählen zum Beispiel purer Pfefferminz-, Kamillen-, Salbei-, Lavendel- oder Fencheltee. Die ätherischen Öle wirken stark bakterienabtötend und können den Gärprozeß behindern.

tip:

KRÄUTER & CO.: DIE MISCHUNG MACHT'S

- Beliebt ist eine Mischung aus verschiedenen Teesorten. Ob Einzel- oder gemischter Kräutertee – Sie sollten die Sorte(n) von Ansatz zu Ansatz variieren, damit sich der Körper nicht zu sehr an ein bestimmtes Kraut gewöhnt und dann nicht mehr darauf reagiert.
- Ebenso wichtig: Jeder Mensch reagiert anders auf die Kräuterzusammenstellung. Soll heißen: Was Sie gut vertragen, muß nicht unbedingt auch für Ihren Partner bekömmlich sein.
- Welche Mischung ist gut für mich? Probieren Sie es aus. Erkundigen Sie sich vorher nach der Wirkung der einzelnen Kräuter. Auf Seite 46 finden Sie auch einige Tips zu Büchern, die alles Wissenswerte über Heilkräuter und -tees bieten.

Wenn Sie Kombucha trinken, sollen Sie sich wohl fühlen. Ist dies nicht der Fall, müssen Sie die Mischung ändern.

Leckere Kräutertee-Rezepte

Hier einige Kräutertee-Mischungen, die sich hervorragend bewährt haben. Wählen Sie nach Bedarf und Geschmack – am besten: einfach verschiedene probieren, denn Abwechslung ist in jedem Fall gut.

Schmeckt einfach gut

- Mischung A: Zitrone, Brombeere, Jasmin
- Mischung B: Vanille, Schwarztee, Apfel
- Mischung C: Jasmin, Hibiskusblüten, Himbeerblätter

Zum Wohlfühlen

- Mischung A: Birke, Fenchel, Brennessel, Hibiskus, Kamille, Hagebutte, Brombeere
- Mischung B: Schachtelhalm, Holunderblüten, Weißdorn, Himbeere
- Mischung C: Fenchel, Kamille, Melisse, Brombeere, Hagebutte

Fürs Immunsystem

- Mischung A: Brennessel, Schafgarbe, Vogelmiere, Waldmeister
- Mischung B: Hagebutte, Brennessel, Grüner Tee
- Mischung C: Schafgarbe, Löwenzahn, Himbeerblätter, Holunderblüten

Für die Blase

- Mischung A: Weidenröschen, Ringelblume, Schachtelhalm, Löwenzahn
- Mischung B: Bärentraube, Hagebutte, Rotklee, Preiselbeere
- Mischung C: Ringelblume, Labkraut, Weidenröschen

Welchen Tee Sie für Kombucha auswählen, hängt von Ihren geschmacklichen Vorlieben ab. Und davon, wie der Tee auf den Körper wirken soll.

Die Zubereitung

Die Kräuter sollten alle zu gleichen Teilen gemischt werden. Am besten lassen Sie sich Ihre individuelle Rezeptur in der Apotheke zusammenstellen. Dann können Sie sicher sein, daß die Kräuter frisch und von guter Qualität sind.
Zu Hause brauchen Sie den Tee dann nur aufzubrühen. Auch hier gilt: 10 Gramm (etwa 2 gehäufte Teelöffel) für 1 Liter Wasser.
Mehr über die Zubereitung siehe Seite 21.

Zutat Nr. 2: Zucker

Der Kombucha-Teepilz liebt es nicht nur süß, er braucht den Zucker tatsächlich zum Leben. Pro Liter Wasser etwa 80 bis 100 Gramm.

Ganz schön zuckrig?

Viele schrecken bei dieser Dosierung zurück. Immerhin ist Zucker als zahnschädlich und ungesund verpönt. Zu Recht – aber für den Teepilz ist der Zucker das Futter zum Leben. Er wandelt ihn jedoch während der Fermentation (des Gärprozesses) in Milchsäure und Alkohol um.
Keine Angst also: Wenn Sie das Gebräu nach einigen Tagen trinken, ist fast kein Zucker mehr enthalten.
Er ist zu Alkohol vergoren.

Und der Alkohol?

Der Alkoholgehalt beträgt höchstens 1 Prozent, ist also ganz harmlos! Er und die zugleich entstandene Kohlensäure geben dem Getränk seine prickelnde Frische.

Das richtige Maß finden

Entscheidender als die Tatsache, *daß* Zucker in den Kombucha-Ansatz gehört, ist die Frage, *wieviel* davon hinein kommt.
Hier schwanken die Rezeptangaben zwischen 50 und 190 Gramm pro Liter. Fakt ist: Bei 50 Gramm Zucker muß der Pilz hungern, verhungert sogar im schlimmsten Fall und stirbt ab. Bei 190 Gramm Zucker ist auch nach Tagen der Fermentation die Restzuckermenge zu hoch. Kombucha schmeckt dann wirklich sehr süß, was auf jeden Fall für Diabetiker, aber auch für Krebspatienten und Magen-Darm-Empfindliche von Nachteil sein kann.

Eine sichere Dosis

- Wer ganz sicher gehen will, daß ein Kombucha-Rezept auch wirklich gelingt, fährt mit durchschnittlich 90 Gramm Zucker auf 1 Liter Wasser am besten.

info:

Was macht der Zucker mit dem Pilz?

Legt man den Teepilz in eine Nährlösung von Tee und Zucker, beginnt nach wenigen Tagen die Gärung.

- Ähnlich wie bei der Vergärung von Trauben zu Wein, spalten die Hefen des Pilzes den Zucker in Alkohol und Kohlensäure auf.
- Essigsäurebakterien wandeln den Zucker in Zellulose um, so daß der Teepilz langsam in quallenartigen Schichten wächst.
- Außerdem vergären die Essigsäurebakterien den von den Hefen produzierten Alkohol zu Essigsäure und anderen Säuren.

Das fertige Kombucha-Getränk ist völlig anders zusammengesetzt als der Teepilz. Es besteht vorwiegend aus Essigsäure, Milchsäure, Glukuronsäure, Vitamin C und anderen organischen Säuren sowie Enzymen.

Noch ein Süßer: Honig

Manche Kombucha-Freunde wollen den Zucker durch Honig ersetzen. Guter Honig enthält schließlich, im Gegensatz zu seinem weißen, raffinierten Kollegen, gesundheitsfördernde Inhaltsstoffe. Eingefleischte Kombucha-Experten verziehen bei diesem Gedanken das Gesicht: »Honig ruiniert den Pilz«, heißt es dann.
In der Tat – ganz unproblematisch ist die Verwendung von Honig nicht. Er hat eine stark desinfizierende Wirkung und kann unter Umständen den Pilz abtöten.

Wenn Honig, dann …

Wer dennoch lieber Honig als Zucker nimmt:

… achten Sie auf die Temperatur

Während des Gärprozesses sollte die Raumtemperatur konstant über 20 Grad liegen, auf keinen Fall darunter – im Sommer meist kein Problem. Im Winter können Sie sich mit kleinen beheizbaren Elektroplatten behelfen. Diese verbrauchen pro Tag nur für wenige Pfennige Strom und können über längere Zeit in Betrieb bleiben.

… nehmen Sie Holunderblüten als Teebasis

Holunder wirkt harmonisierend auf den Honig. Außerdem gibt Holunder dem Trunk den typischen »Sekt-Charakter« – er prickelt angenehm, erfrischt und verleiht etwas Sektaroma.

- Als Faustregel gilt: 125 Gramm Honig auf 1 Liter Tee. Der Honig sollte möglichst kaltgeschleudert und nicht über 40 °C erhitzt worden sein. Geben Sie den Honig erst dann dazu, wenn der Tee lauwarm ist. Nur so ist gewährleistet, daß seine Inhaltsstoffe erhalten bleiben.

Zutat Nr. 3: der Pilz

Tee und Zucker sind im Haus, wie aber sieht's mit dem Kombucha-Teepilz aus?

Wie drankommen?

Eine gute Quelle für Bezugsadressen ist das Internet. Da sich diese Adressen jedoch immer mal wieder ändern, macht es wenig Sinn, sie in dieses Buch aufzunehmen. Auf Seite 46 finden Sie deshalb nur eine – dafür allerdings zuverlässige – Adresse.

Eine Anschaffung fürs Leben

Das Gute am Pilz: Die Anschaffung ist einmalig. Richtig gepflegt und gut bedient, hält der Pilz annähernd ein Leben lang – oder zumindest liefert er brav Nachkommen (Seite 24), so daß Sie immer von einem Vertreter der Kombuchafamilie versorgt werden.

info:

DAS BRAUCHEN SIE FÜR DIE ZUBEREITUNG

- Einen mittelgroßen Kochtopf (1 bis 3 Liter Volumen)
- ein Gefäß aus Glas, Porzellan oder glasierter Keramik mit 1 bis 3 Liter Fassungsvermögen. Als Gärgefäß eignen sich vor allem Glasgefäße oder Tontöpfe mit großer Öffnung, etwa ein Bowletopf, Rumtopf oder eine Suppenterrine. Ideal: ein Einmachglas. Je größer die Öffnung, desto besser kann sich der Pilz entwickeln.
- einen einwandfreien Kombucha-Teepilz mit etwa einer Tasse seiner Nährflüssigkeit (das ist der gezuckerte Tee, in dem er eingelegt war). Wie Sie ihn bekommen, steht im Text links.
- kalkarmes Wasser, gegebenenfalls aus der Flasche (Mineral- oder Heilwasser)

Wenn Sie wissen möchten, wie hoch der Kalkgehalt Ihres Trinkwassers ist, also wie »hart« das Wasser ist, rufen Sie bei Ihrem zuständigen Wasserwerk an. Für die Kombuchazubereitung sollte der Härtegrad im weichen Bereich liegen.

- pro Liter Wasser etwa 90 g Zucker oder 125 g Honig
- pro Liter Wasser 1 bis 2 gehäufte Teelöffel Teeblätter

Mehr über Tees und Teemischungen ab Seite 14.

- ein luftdurchlässiges Tuch, etwa ein Geschirrtuch oder eine Lage von einer mehrlagigen Papierserviette oder einem Papiertaschentuch
- einen Gummiring
- einen Trichter
- ein feines Sieb
- ein bis drei Literflaschen mit Bierflaschenverschluß oder Korken

Und sollten Sie irgendwann einmal Urlaub vom Teepilz haben wollen – kein Problem. Stellen Sie ihn einfach gut verpackt in den Kühlschrank. Dort hält er Winterschlaf und überdauert leicht einige Monate.

Und so wird's gemacht

Gut gemeinter Rat vorneweg: Stellen Sie sich alles, was Sie für den Kombucha-Ansatz benötigen, zurecht (Seite 20).

Die wichtigsten Tips

- Achten Sie auf peinliche Sauberkeit! Alle Arbeitsgeräte, mit denen der Teepilz in Berührung kommt, sollten sehr gut gereinigt sein – idealerweise vorher mit heißem Wasser überbrüht.
- Waschen Sie sich die Hände, bevor Sie den Pilz aus seinem Behälter holen, und lassen Sie ihn so kurz wie möglich an der Luft.
- Bitte rauchen Sie auf keinen Fall während der Kombucha-Zubereitung! Rauch killt den Teepilz gnadenlos!
- Haben Sie Geduld, bis der aufgebrühte Tee wirklich auf Handwärme abgekühlt ist. Zu heiß mag's der Pilz nicht. Hohe Temperaturen bringen ihn um.
- Während des Gärprozesses sollte der Behälter nach Möglichkeit nicht bewegt werden. Der Platz auf dem Kühlschrank ist daher wegen der Vibration des Geräts ungeeignet.

Schritt für Schritt zum Powerdrink

Ring frei für die Kombucha-Zubereitung … Keine Sorge, es geht leicht und ganz fix. Die Mengenangaben beziehen sich auf 1 Liter Wasser.

1. 1 Liter Wasser im Topf aufsetzen, aufkochen lassen und vom Herd nehmen.
2. 1 bis 2 gehäufte Teelöffel lose Teeblätter ins Wasser geben – bitte keine Teebeutel verwenden.
   Für Grünen Tee und Kräutertee: Wasser erst 5 Minuten abkühlen lassen, dann die Teeblätter zugeben.
3. Tee etwa 10 Minuten ziehen lassen (Grünen Tee nur 2 Minuten), dann durch ein Sieb abseihen.

In lauwarmem Tee wird Zucker oder Honig aufgelöst – das ist die Nährflüssigkeit für den Pilz.

4. Etwa 90 Gramm Zucker zugeben und den Tee umrühren. Wichtig: Der Zucker muß komplett aufgelöst sein. Für die Verwendung von Honig gilt: Den Tee abkühlen, bis er nur noch lauwarm ist. Dann etwa 125 Gramm Honig zugeben.
5. Den Tee auf Zimmertemperatur (20 bis 25 Grad) abkühlen lassen. Dann in ein sorgfältig gereinigtes Glas-, Porzellan- oder Tongefäß (also ins Gärgefäß, Seite 20) schütten.

Dann wird der Pilz in den süßen Tee gegeben und etwas alte Nährflüssigkeit dazugegossen.

6. Etwa 10 Prozent fertig vergorenes Kombuchagetränk zugeben (100 ml pro Liter Tee) – der optimale Kick für den Gärvorgang.

7. Mit sauberen Händen (oder auch mit einer Gabel oder einem Löffel) den Kombucha-Pilz aus seinem bisherigen Gefäß herausnehmen und ins neue Gärgefäß mit dem Tee geben. Entweder sinkt der Pilz jetzt zu Boden, oder er schwimmt an der Oberfläche. Beides ist richtig. Sinkt der Pilz zu Boden, wächst auf der Oberfläche ein neuer nach (Seite 24).

8. Damit keine Staubpartikel oder Fliegen ins Glas kommen, sollten Sie das Glas mit einem Geschirrtuch oder mit einer Lage einer mehrlagigen Papierserviette abdecken. Mit Einweckgummi oder Bindfaden befestigen. Schrauben Sie keinen Deckel aufs Glas! Der Pilz braucht Luft zum Atmen.

Nur schmutzdicht, nicht luftdicht wird das Glas abgedeckt – mit einem Stoff- oder Papiertuch.

9. Stellen Sie nun das Gärgefäß an einen ruhigen, warmen Platz. Wichtig sind frische Luft und Wärme (nicht unter 20 Grad). Ideale Kuscheltemperatur: 23 Grad. Nach Licht verlangt der Kombucha-Pilz nicht unbedingt, grelles Sonnenlicht schadet ihm sogar.

10. Jetzt heißt es abwarten und Tee trinken – zehn bis zwölf Tage muß der Teepilz ruhen.
Während dieser Zeit arbeitet er auf Hochtouren und bildet die gesundheitsfördernden Stoffe im Tee.

Nach zehn bis zwölf Tagen ist der Pilz prächtig gewachsen und der Tee voll gesunder Inhaltsstoffe.

Das Warten lohnt sich

11. Nach dieser Zeit hat sich eine etwa 1,5 Zentimeter dicke Pilzschicht gebildet. Holen Sie den Pilz mit sauberen Händen heraus, und geben Sie ihn in ein Aufbewahrungsgefäß.

Nehmen Sie außerdem etwa ein Zehntel (eine Tasse pro Liter) des fertig vergorenen Getränks ab – das brauchen Sie für den nächsten Ansatz.

12. Die restliche Flüssigkeit durch ein feines Sieb abseihen und durch einen Trichter in saubere Flaschen füllen. Auch die Hefe, die sich (wie bei Weißbier) am Boden abgesetzt hat, auf die Flaschen verteilen.

13. Die Flaschen mit einem Bierflaschenverschluß oder Korken verschließen. Keinen Schraubverschluß nehmen, da sie sonst unter der Gasbildung platzen können.

14. Waschen Sie das Gärgefäß gründlich mit heißem Wasser aus.

15. Wenn Sie sofort wieder einen neuen Ansatz herstellen möchten, sollten Sie den Pilz vorsichtig unter lauwarmem Wasser abspülen und dann einfach wieder mit Schritt 1 beginnen.

Kombucha faßweise?

Starten Sie Ihre Kombucha-Produktion erstmal mit einem 2-Liter-Einweckglas. Für den Einstieg reicht diese Größe vollkommen.
Sollten Sie dann zum Mitglied der Kombucha-Fangemeinde werden und täglich Ihre 2 bis 3 Gläschen trinken oder auch mal Drinks mixen wollen – dann werden Sie größere Mengen produzieren müssen: Steigen Sie gleich auf 5-Liter-Gefäße um.
Echte Kombucha-Profis nehmen sogar 10- bis 30-Liter-Fässer vom Weinbauern oder Haushaltswarengeschäft. Diese Fässer haben einen kleinen Zapfhahn, mit dem größere Produktionen einfach in Flaschen abgefüllt werden können.

info:

Was der Pilz gar nicht gerne mag …

Obwohl er ein eher pflegeleichter Freund ist, reagiert der Teepilz doch auf einige Dinge sehr empfindlich:

- Alte, gammelige Teeblätter. Ein Aufguß daraus schmeckt selbst dem anspruchslosen Pilz nicht.
- Wenn Sie ihn in zu heißes Wasser geben.
- Wenn er weniger als 60 g Zucker auf einen Liter Tee zu futtern bekommt.
- Wenn Sie ihn mit Nikotin konfrontieren. Dann packt er gleich ein.
- Wenn er in der Nähe von Topfpflanzen gelagert wird. Blumenerde ist gespickt voll mit Mikroorganismen, die ihn verunreinigen können.
- Wenn sein Ruheplatz gar kein Ruheplatz ist – er mag nicht bewegt, gerührt oder gerüttelt werden.
- Wenn die Gärtemperatur zu niedrig (unter 20 Grad) ist. Dann streikt er und stellt die Arbeit ein.

tip:

ALLES GESCHMACKSSACHE

Wie süß oder sauer der Drink wird, können Sie steuern:

- Zucker ist ein wichtiges Lebensmittel für den Teepilz. Er liefert den Grundstoff für den Gärprozeß. Denken Sie aber bloß nicht: »Je mehr Zucker, desto süßer wird das Getränk.« Denn das ist falsch. Im Gegenteil: Je mehr Zucker, desto mehr Säure und Alkohol wird gebildet, desto saurer/herber/würziger der Drink.
- Je länger der Teepilz arbeiten kann und je länger man ihn gären läßt, desto saurer ist das Getränk. Nach rund 10 bis 12 Tagen hat Kombucha einen angenehm süß-säuerlichen Geschmack. Wenn Sie Kombucha drei bis vier Wochen gären lassen, wird er richtig sauer. Seine Konsistenz verändert sich, er färbt sich dunkler, und sein Geschmack erinnert an Apfelessig.
- Ob der Drink herber oder lieblicher schmeckt, hängt auch von der Teesorte ab.

Der Pilz und sein Nachwuchs

Wenn es Ihrem Kombucha-Teepilz bei Ihnen gefällt, wächst und gedeiht er während des Gärprozesses prächtig und ist immer wieder verwendbar. Eines Tages aber wird er endlich doch alt und müde und sinkt nach und nach zu Boden.
Auf der Oberfläche der Nährflüssigkeit bildet sich schon bald eine dünne, gelartige Schicht. Das ist der »Babypilz«.
Der alte Pilz stirbt ab. Kein Problem – hat er doch kräftigen Nachwuchs hinterlassen.

Pilz im Rentenalter

Wohin mit dem Senior-Teepilz? Hat er schließlich ausgedient und ist am Ende, dann zögern Sie nicht – und bitte kein Mitleid. Werfen Sie den Alten einfach auf dem Kompost oder in den Biomüll.
Er hat lange gute Dienste geleistet, irgendwann ist Feierabend. Dann kommen Mikroben zu Mikroben.

Trend zum Zweitpilz

Auch wenn Sie Ihren Kombucha-Teepilz noch so gut pflegen – schiefgehen kann immer etwas. Glücklich der, der dann einen Ersatzpilz auf Lager hat. Den können Sie sich leicht heranzüchten. Und das geht so:

1. $^1/_2$ Liter frisches Kombucha-Getränk in ein Einweckglas füllen. $^1/_2$ Liter frischen Tee kochen, auf Zimmertemperatur oder Handwärme abkühlen lassen, rund 150 g Zucker einrühren und ins Glas geben.
2. Vom Kombucha-Pilz ein kleines Stück im Format einer größeren Briefmarke (etwa 3 x 3 cm) abschneiden und ins Glas geben.
3. Glas mit einem Tuch abdecken, um es vor Insekten und Staub zu schützen.
4. Dieses »Zuchtglas« drei bis vier Wochen an einem ruhigen, warmen Ort stehen lassen. Bitte auf keinen Fall bewegen.

5. Nach einigen Tagen bildet sich auch hier eine Pilzschicht auf der Oberfläche. Wenn sie etwa 1 Zentimeter dick ist, haben Sie Ihren Zweitpilz. Diesen Pilz können Sie dann in einem geschlossenen Gefäß (am besten ist ein Marmeladenglas) mit etwas Nährflüssigkeit im Kühlschrank über mehrere Monate lagern.

Die Lagerung

Kombucha ist ein lebendiges Getränk. Es arbeitet auch noch in der Flasche und gärt vor sich hin. Bei zu langer Lagerung kann es also passieren, daß die Flasche platzt. Clever ist, wer nur so viel Kombucha produziert, wie er auch tatsächlich verbraucht.

Was lange gärt, wird ganz schön sauer

Problemlos können Sie den prickelnden Tee drei bis vier Wochen im Kühlschrank lagern (geöffnete Flaschen innerhalb weniger Tage aufbrauchen!) Je länger Kombucha steht, desto saurer wird es. Das muß kein Nachteil sein! Sie können es dann entweder mit Mineralwasser oder Apfelsaft verdünnen oder als Essig einsetzen. Stark vergorenes Kombucha ist eine feine Würzzutat und gibt Salatsaucen oder Eintöpfen den letzten Pfiff. Probieren Sie's mal – Sie werden angenehm überrascht sein!

Pilz im Winterschlaf

Sie müssen Ihren Pilzfreund nicht noch mit in den Urlaub nehmen! Gönnen Sie sich ruhig mal eine Pause. Auch den Teepilz können Sie »außer Betrieb setzen«. Dafür einfach in ein Einweckglas geben, 1/4 Liter Kombuchaflüssigkeit einfüllen. Deckel drauf – fertig. Im Kühlschrank oder kalten Keller (unter 18 Grad) versetzen Sie Ihren Pilz in einen monatelangen Winterschlaf.

Ganz unkompliziert: Der Pilz vermehrt sich selbst, ist relativ anspruchslos und einfach zu lagern.

Wieviel darf's denn sein?

Wieviel Kombucha soll man nun trinken, um gesundheitlichen Nutzen zu spüren? Eine Dosierungsangabe ist schwierig. Auch hierüber streiten sich die Gelehrten.

Formulieren wir es einmal anders herum:
Beim Teepilz und beim Konsum des Kombucha-Getränkes sind bislang keine Nebenwirkungen festgestellt worden. Aber auch hier gilt wie so oft: Die Dosis macht das Gift. Soll heißen: Übertreiben Sie es nicht.

Dosieren Sie nach Gefühl

Eingefleischte Kombucha-Fans schwören darauf, morgens auf nüchternen Magen ein kleines Glas (etwa 100 ml)

Genuß ohne Reue, weil ohne Nebenwirkungen: Trinken Sie einfach so viel, wie Ihnen guttut.

Kombucha zu trinken. Dagegen ist bestimmt nichts einzuwenden. Die Empfehlung lautet außerdem, zusätzlich noch ein bis zwei kleine Gläser über den Tag verteilt zu trinken. Vorzugsweise nach den Mahlzeiten.

Wer darf, wer nicht?

Grundsätzlich kann jeder Kombucha zu sich nehmen – Gesunde und Kranke, Kinder und ältere Menschen.

Kombucha für Schwangere

Schwangere und Stillende sollten auf Schwarztee- und Grüntee-Kombucha verzichten. Er enthält zu viel Koffein. Für sie bietet sich Kombucha auf der Basis von Kräutertee an.

Kombucha für Kranke

Natürlich können Sie Kombucha auch als begleitende Therapiemaßnahme bei einer Erkrankung einsetzen. Dann kommt es auf die richtige Kräutertee-Mischung an (Seite 16). Auf jeden Fall sollten Sie das vorher mit Ihrem Arzt besprechen, wenn er Naturheilverfahren gegenüber aufgeschlossen ist.

Kombucha für Diabetiker?

Die Wirkstoffe sollen auch bei Diabetes hervorragende Wirkung zeigen. Diabetiker können Kombucha trinken, wenn sie die Broteinheiten berücksichtigen: 100 Milliliter enthalten etwa 40 Kalorien, 0,1 g Eiweiß, 8,5 g Kohlenhydrate und 0 g Fett. Dies entspricht etwa 7 Broteinheiten (7 BE) pro Liter, die zu den Tagesmengen addiert werden müssen.
Je länger Kombucha gärt, desto geringer der Zuckerrest. Gegebenenfalls können Diabetiker auch auf einen Kombucha-Extrakt ausweichen: erhältlich in Apotheken und Naturkostgeschäften. Sprechen Sie in jedem Fall mit dem Arzt darüber.

info:

Pilz aufs Brot?

Immer wieder taucht die Frage auf, ob man eigentlich auch den ganzen Pilz essen kann. Frei nach dem Motto: Dann verspeise ich gleich die ganze biochemische Fabrik – nicht nur ihr Produkt.

Seltsam – es spricht schließlich wenig dafür, die Kuh, die man melken will, zu schlachten. Auf der anderen Seite spricht auch nichts dagegen. Es ist also tatsächlich möglich, den Pilz häppchenweise zu genießen. Schaden tut es auf keinen Fall. Großen Nutzen bietet es aber auch nicht, denn die gesunden Inhaltsstoffe stecken alle im Kombucha-Getränk.

Pause muß sein!

Auch wenn keine Nebenwirkungen bei regelmäßigem Kombucha-Konsum zu erwarten sind, sollten Sie hin und wieder eine Pause machen und einige Tage auf den Drink verzichten. Der Organismus gewöhnt sich an alles – und weiß bei Dauergebrauch die gesundheitlichen Vorzüge des Hefetees nicht mehr zu schätzen.

Trinken Sie sich fit & schön!

Drinks und mehr für Ihre Gesundheit

Der Teepilz als Multitalent: Er bietet nicht nur ein prickelndes Kultgetränk, Star jeder Party. Er ist auch ein wahres Pflegemittel für unseren Körper: Von innen stärkt er unseren Organismus und hilft aktiv beim Gesundwerden; äußerlich angewendet pflegt er Haut und Haare – ein absoluter Beauty-Hit!

Köstliches Kombucha

Je nach Teebasis hat Kombucha eine honiggoldene Farbe (etwa bei Grünem Tee) oder eine appetitliche, kräftig rote (bei Schwarztee). Der Geschmack variiert je nach Teesorte und Gärdauer: Je länger der Teepilz »arbeiten« kann, desto saurer wird das Getränk. Nach rund 10 bis 12 Tagen hat Kombucha einen angenehm süß-säuerlichen Geschmack, der ein wenig an Apfelessig oder halb vergorenen Apfelwein erinnert. Für manche ist dieser Geschmack anfangs ein bißchen gewöhnungsbedürftig, aber schon bald möchte man nicht mehr auf den prickelnden Trunk verzichten.

Kreativität gefragt

Das Schöne an Kombucha: Sie können es vielfältig einsetzen. Ihrer Kreativität sind dabei keine Grenzen gesetzt – sei es als Cocktail, Fitneßdrink oder gar Suppe: Kombucha schmeckt immer erfrischend, belebt und hebt die Stimmung.

Apropos Stimmung: Überraschen Sie Ihre Gäste doch mal mit einem leckeren Cocktail, der am nächsten Morgen garantiert keinen »Kater« macht: Ein Kombucha-Cocktail bietet statt Kopfweh und Lichtempfindlichkeit Gesundheit pur. Wenn das keine nett gemeinte Geste für Ihre Gäste ist?!

Spritzige Partydrinks

Kombucha-Sekt

(für eine beliebige Menge:)
2/3 Kombucha
1/3 trockener Sekt
1 ungespritzte Limette

Gut gekühltes Kombucha mit ebenso gekühltem Sekt in einem großen Bowletopf zusammengießen und alles für etwa 1 Stunde kalt stellen. Dann in Gläser füllen und Glasrand mit Limettenscheiben garnieren.

Macht prickelnd gute Laune und bietet ganz sicher Gesprächsstoff für fröhliches Anbandeln: Kombucha in Partydrinks ist absolut »in«.

Kombucha-Flirt

(für ein Longdrink-Glas)
100 ml Kombucha
5 cl Whisky
1 Limettenscheibe
1 Amarena-Kirsche

Kombucha und Whisky ins Glas füllen und mit einer Limettenscheibe und der Kirsche garnieren.

Kombucha-Zitronen-Cocktail

(für ein Longdrink-Glas)
2/3 Kombucha
1/3 Mineralwasser
2 Eßlöffel frisch gepreßter Zitronensaft
Eiswürfel

Gläser zur Hälfte mit Eiswürfeln füllen, Zitronenscheibe zugeben und mit Kombucha, Mineralwasser und Zitronensaft auffüllen.

Erfrischende Kombucha-Schorle

(für ein Longdrink-Glas)
1/3 Kombucha
1/3 Apfelsaft
1 Eßlöffel Holunderbeersaft
1 Eßlöffel Himbeersirup
2 Eßlöffel frisch gepreßter Zitronensaft
1 Apfelspalte

Gläser zur Hälfte mit Eiswürfeln füllen, Kombucha, Säfte, Sirup und eine dünne Apfelspalte zugeben.

Kombucha-Kräuter-Mix

(für eine 5-Liter-Bowle)
1 Handvoll frische Kräuter der Saison (etwa Pfefferminze, Holunderblüten, Zitronenmelisse, Borretsch)
1 Liter ungesüßter Eistee
1 Liter Apfelsaft
1 Liter Kombucha
2 Flaschen Mineralwasser
je 1 in Scheiben geschnittene Zitrone und Orange (beide ungespritzt)
Eiswürfel

Alle Getränke bis auf das Mineralwasser zusammengießen. Kräuter verlesen, waschen, trockenschleudern und in der Flüssigkeit etwa 4 Stunden ziehen lassen, dabei kühl stellen. Zitrusfrüchte und Eiswürfel zugeben, mit Sprudel auffüllen.

Kombu-Hollu

1,5 Liter Kombucha
0,3 Liter Holundersaft
1 Messerspitze Ascorbinsäure (Vitamin-C Pulver)
1 Liter Mineralwasser
Eiswürfel

Alle Zutaten miteinander mischen und dekorativ in Gläsern anrichten. Sofort servieren. Ideal an heißen Sommertagen – beliebt bei Groß und Klein!

Mix-Vergnügen für Kombucha-fans: Drink-Ideen vom Feinsten.

tip:

Kühle Deko-Würfel

Eiswürfel liefern im Sommer einen kühlen Frische-Kick. Sie sehen ganz besonders dekorativ aus, wenn Sie vor dem Einfrieren in die einzelnen Gefrierblöcke kleine Blüten (etwa Borretsch oder Melisse) hinzugeben. Die Blüten gefrieren mit dem Eis und heitern den sonst durchsichtigen »Eisblock« ganz toll auf.

Als Geheimtip gilt unter Kombucha-Freunden folgende süß-säuerliche Suppe:

Feine Kombu-Suppe

5 mittelgroße Zwiebeln
1 Eßlöffel Butter
1 Liter Kombucha
1 Eßlöffel gekörnte Gemüsebrühe
Salz, Pfeffer, etwas Curry-Pulver
2 Eßlöffel Crème fraîche
Zitronenmelisse zum Garnieren

Die Zwiebeln schälen, in feine Würfel schneiden und in der Butter glasig dünsten. Kombucha zugießen. Gemüsebrühe dazugeben, alles einmal kurz aufkochen lassen. Mit Salz, Pfeffer und Curry abschmecken, Créme fraîche unterrühren und mit Zitronenmelisse garnieren.

Kombucha-Essig

Wenn Sie Kombucha drei bis vier Wochen gären lassen, wird er richtig sauer. Seine Konsistenz verändert sich, er färbt sich dunkler und erinnert an Essig. Der Geschmack erinnert an Apfelessig.

Dann ist Kombucha ideal als Würzflüssigkeit in Ihrer Küche – Salate, Saucen und Suppen bekommen mit diesem Essig ihren letzten Pfiff. Etwas ganz Besonderes: der Kombucha-Essig auf Kräuterteebasis. Er ist nicht nur gesundheitlich wertvoll, sondern hat auch ein feines, krautiges Aroma.

Mit Kombucha konservieren

Natürlich können Sie mit diesem Essig auch Gemüse einlegen. Dazu einfach frische Gurken, Paprika und/oder Zwiebeln vierteln und in ein Einmachglas geben. Kombucha-Essig darüber gießen.
Gläser luftdicht verschließen und das Gemüse darin mehrere Tage an einem kühlen, dunklen Ort ziehen lassen. Auf diese Weise eingelegtes Gemüse hält sich gut einige Wochen lang.

Brot mit Hefepilz

Ganz Kreativen dient Kombucha sogar als Backzutat – sie verwenden die Hefe, die sich am Boden des Gärgefäßes absetzt. Gießen Sie dafür das fertige Getränk vorsichtig ab, und holen Sie die Hefe mit einem Löffel heraus.

750 Gramm Mehl
1 Teelöffel Salz
1 Würfel Hefe
2-3 Eßlöffel Bodenhefe
1 Teelöffel Zucker
etwa ¼ Liter lauwarmes Wasser
evtl. etwas Kombucha-Essig

Das Mehl in eine Schüssel sieben, Salz darüber streuen. In die Mitte eine Kuhle drükken, Hefe, Wasser und Zucker hineingeben und 30 Minuten gehen lassen. Alles zu einem Teig kneten, weitere 2 Stunden an einem warmen Ort gehen lassen. Nochmals kneten, dann einen runden Laib formen oder Teig in eine gefettete Brotform geben und bei etwa 180 bis 200 °C etwa 45 Minuten lang backen.

Beauty and the Pilz

Es müssen nicht immer teure Cremes sein – auch Kombucha kann für einen rosigen, frischen Teint sorgen.

Pflege für die Haut

Unserer Haut beispielsweise tut er allerlei Gutes – und das braucht sie auch dringend, denn leicht hat sie es nicht: Sie ist Schutzhülle und wichtiges Organ in einem. Sie muß mit Wunden fertig werden, Temperatur und Feuchtigkeit regulieren und sich gegen Unmengen von Pilzen, Parasiten und Bakterien wehren, die sich ständig auf ihr tummeln. Noch dazu soll sie rosig aussehen, glatt und elastisch sein – allen Pickelchen und Pigmentflecken zum Trotz. Und bei all dem soll sie auch noch so zart besaitet sein, daß sie die feinsten Berührungen wahrnimmt. Grund genug also, sie zu pflegen und ihr Gutes zu tun.

Frische für den Teint: Gesichtswasser

Zu jeder gründlichen Reinigung gehört nach Anwendung der Reinigungsmilch unbedingt ein Gesichtswasser. Ein Tonic kann nicht nur porentief reinigen, sondern auch das Gesicht klären, beleben, beruhigen und mit feuchtigkeitsbindenden Substanzen versorgen.
Mit etwas Alkoholgehalt kann das Gesichtswasser sogar leicht desinfizieren. Ähnliche Wirkung verspricht Kombucha.

Leichte Anwendung

Geben Sie einfach morgens und abends einen Spritzer Kombucha auf ein fusselfreies Wattepad, und tupfen Sie das Gesicht und den Hals damit ab. Das Kombucha-Gesichtswasser erfrischt angenehm und stabilisiert

Kombucha als Gesichtswasser reinigt und erfrischt zugleich.

den natürlichen Säureschutzmantel der Haut.

Größere Ergiebigkeit

Tränken Sie ein Wattepad mit Wasser, und drücken Sie es dann gut aus. Wenn Sie es danach mit Kombucha beträufeln, nimmt es nicht zuviel davon auf – die Ergiebigkeit ist größer und die Wirkung genauso gut.

Kur pur: eine Maske

Sieht Ihre Haut fahl und abgespannt aus? Zeit für eine Extra-Portion Pflege – zum Beispiel mit einer Maske. Gesichtsmasken sind fixe Schönmacher, ihre Wirkung ist sofort sichtbar: Trockene Haut sieht geschmeidiger aus, grobe Haut wirkt feinporiger, und fahle, blasse Haut bekommt einen rosigen Schimmer.
Hier die Kombucha-Pflegeanleitung:

Fix angerührt

Etwa 10 Eßlöffel Kombucha und 10 Eßlöffel frische Sahne mit dem Handrührgerät auf höchster Stufe schaumig schlagen. Die Masse soll richtig schön cremig sein.
Gesicht, Hals und Dekolleté gründlich reinigen und dann

Wohltat für jede Haut: cremige Maske aus Sahne und Kombucha.

die Maske mit beiden Händen großzügig auftragen – die Augen aussparen.
Maske 15 bis 20 Minuten lang einwirken lassen.

Nehmen Sie sich die Zeit, und legen Sie – während die Maske wirkt – ruhig die Beine hoch. Dann verwöhnen Sie Ihre Seele gleich mit!

Anschließend die Maske mit lauwarmen Wasser gründlich abspülen. Eincremen ist danach nicht nötig, da die Haut mit allem bestens versorgt ist.

Nahrung für die Haut: Gesichtscreme

Klingt im ersten Moment abschreckend: Auch der Teepilz selbst, direkt auf die Haut gelegt, erfrischt. Denver-Star Linda Evans schnippelt sich angeblich briefmarkengroße Kombuchastückchen zurecht und legt sie aufs Gesicht.
Die Alternative: Den Teepilz häckseln oder pürieren. Diese Creme gibt der Haut einen Kombipack an Mineralstoffen und Feuchtigkeit, der auch in teuren Kosmetikprodukten enthalten ist. Aber hier gibt's die Pflegestoffe pur – ohne Konservierungsmittel! Die Haut bekommt eine Riesenportion Feuchtigkeit, eine rosige Farbe und wirkt strahlend frisch.

Dick eingepackt

Nehmen Sie ein dickeres Stück Kombucha, in der Größe eines halben Handtellers. Schneiden Sie es in Stücke, und pürieren Sie es mit einem Stabmixer.
Die Creme auf das gereinigte Gesicht und Dekolleté messerrückendick auftragen (Augen aussparen) und etwa 20 Minuten einwirken lassen. Anschließend Creme mit lauwarmen Wasser abspülen.
Die Haut muß danach nicht noch einmal gereinigt oder eingecremt werden, denn Kombucha hat sie bereits optimal mit Pflegestoffen versorgt.
Idealerweise tragen Sie diese Creme vor dem Zubettgehen auf. Nicht abspülen – dann können die Pflegestoffe über Nacht wirken.

Kombucha für die Haare

Shampoo hat die Aufgabe, Staub und Schmutz aus den Haaren herauszulösen. Und dazu reicht oft schon eine kleine Menge. Wer aber zwei bis drei Eßlöffel Shampoo in seine Haare schäumt, tut ihnen keinen Gefallen. Zuviel waschaktive Substanzen machen die Haare schwer und stumpf. Auf Dauer wird das Haar damit regelrecht überpflegt.
Auch hier kann Kombucha helfen. Eine Spülung mit dem vergorenen Tee macht das Haar wieder weich, glänzend und füllig.
Geben Sie einfach hin und wieder nach der Haarwäsche etwas Kombucha-Tee ins nasse, gewaschene Haar. Massieren Sie die Kopfhaut mit sanftem Druck, und spülen Sie die Haare noch einmal mit lauwarmem Wasser aus.

tip:

HAARWÄSCHE AUF DIE SANFTE TOUR

So vermeiden Sie, daß Ihre Haare überpflegt, stumpf und schwer werden:

Füllen Sie eine leere Flasche zu $1/3$ mit Shampoo und zu $2/3$ mit Wasser. In dieser Konzentration steckt noch genügend Waschkraft.
Wichtig: Milde Shampoos nehmen! Sie reizen weder die Kopfhaut noch trocknen sie die Haare aus.

Haarig, aber wahr

Einige Kombucha-Fans sind so begeistert von der positiven Wirkung auf die Haare, daß sie schwören, Kombucha helfe gegen Kopfjucken, Schuppen und sogar gegen Haarausfall. Dafür machen sie einfach einige Wochen lang die eben beschriebene Haarspülung nach dem Waschen.

Kombucha bei Cellulite

90 Prozent aller Frauen kennen das: unschöne Dellen und Hügel an Oberarmen, Bauch, Po und Oberschenkel. Cellulite heißt das Schönheitsproblem. Sie entsteht, wenn sich die Fettzellen vergrößern, in dicken Trauben ansammeln und gegen die obere Hautschicht drücken. An der Hautoberfläche sind dann unschöne Dellen und bucklige Hügel sichtbar – und zwar überall dort, wo Fett gespeichert wird. Cellulite erinnert an die Haut einer Orange oder ans Profil einer alten Matratze – daher stammt auch der Ausdruck »Orangenhaut« oder »Matratzenphänomen«.

Fast reine Frauensache

Vornehmlich Frauen kämpfen mit Cellulite – ganz selten taucht sie auch bei Männern auf. Schuld daran ist das lockere weibliche Bindegewebe (es muß sich bei einer Schwangerschaft ausdehnen können) und die unterschiedliche Faserstruktur: Während bei Männern das Bindegewebe einem feinen Netz ähnelt, verlaufen bei Frauen die Fasern parallel. In den Zwischenräumen entstehen leicht kleine Taschen, in denen es sich die Fettzellen gemütlich machen.

Die Anlage zu Cellulite wird sicherlich vererbt, aber auch häufige Diäten, falsche Ernährung, mangelnde Bewegung, Rauchen und Alkohol begünstigen sie. Cellulite ist keine Krankheit, sondern vielmehr ein kosmetisches Problem. Aber keines, mit dem Sie sich abfinden müssen – denn Sie können einiges dagegen tun.

info:

RUNDUM-PROGRAMM GEGEN CELLULITE

Auch wenn Kombucha helfen soll – erwarten Sie bitte nicht, daß die Orangenhaut von heute auf morgen verschwindet! So einfach geht's leider doch nicht. Der Teepilz kann aber dazu beitragen, daß die Erscheinungen der Dellenhaut gemildert werden. Was Sie sonst noch tun können:

- Achten Sie auf eine ausgewogene Mischkost – viel Obst und Gemüse, Vollkornprodukte und regelmäßig Fisch. Tabu: Süßes!
- Trinken Sie mindestens zwei bis drei Liter am Tag – am besten Mineralwasser und Kräutertees.
- Bewegung ist das A & O, denn wo Muskeln aufgebaut werden, wird Fett verdrängt.
- Auch sinnvoll: Wechselduschen und Sauna. Sie regen die Durchblutung an.

Kombucha gegen Dellen

Kombucha-Tee, auf die Haut aufgetragen, soll den Lymphfluß aktivieren, den Fettabbau in den Zellen beschleunigen und die Durchblutung anregen. Wichtig dabei ist eine gezielte Zupfmassage, die zusammen mit Kombucha als Power-Duo wirkt: Beide kurbeln den Zellstoffwechsel an und fördern den Abtransport von Schlacken aus dem Bindegewebe.

Allrounder für Schönheit und Wohlbefinden: Kombucha tut auch von außen gut.

Und so geht's

Kombucha-Tee auf die Haut auftragen und im Stehen mit flachen Händen rundum von den Knien nach oben hin verstreichen.
Schenkel und Po mit allen Fingern gründlich durchkneten. Dazu immer eine kleine Hautpartie zwischen den Fingern zusammendrücken und hin- und herrollen.
Dann mit den Handknöcheln kreisend aufwärts massieren.
Nehmen Sie sich dafür ruhig 10 Minuten Zeit, sonst ist die Wirkung zu gering.

Badefreuden mit Kombucha

Was gibt es Schöneres, als sich nach einem anstrengenden Tag abends bei Kerzenschein mit einem Buch in die Wanne zu legen …
Ein Vollbad entspannt nicht nur die Muskeln und Glieder, sondern auch die Seele.
Das i-Tüpfelchen fürs Wohlgefühl: ein feiner Badezusatz. Ob Aromaöl, Schaumbad oder Badesalz – alle streicheln Haut und Sinne.

Ein etwas anderer Badezusatz ist Kombucha. Auf sanfte und angenehme Weise stimuliert er die Körperfunktionen und pflegt die Haut und ihren Säureschutzmantel.

Wohltat für den ganzen Körper

Geben Sie einfach auf ein Vollbad 1/4 bis 1/2 Liter Kombucha, und baden Sie darin etwa 20 Minuten lang.

Optimale Badewassertemperatur: 30-35 °C.

Der »Zaubertrank« fürs Wohlbefinden

Ein Teepilz, der viele Gesichter hat. Und viele Namen. Unter anderem wird er gerne als »Zaubersaft« oder »Wundertrunk« bezeichnet. Das liegt an den unzähligen positiven Erfahrungen, die Menschen mit dem Teepilz gemacht haben. Kombucha konnte schon in vielen Fällen Beschwerden und Krankheiten lindern.

Prompte Hilfe bei vielen Beschwerden

Zum Beispiel die rheumatischen Beschwerden einer 37jährigen technischen Zeichnerin. Ihre Handgelenke schwollen an und entzündeten sich. Ein Heilpraktiker verordnete ihr drei Gläser Kombucha-Tee täglich. Nach einem halben Jahr waren ihre Beschwerden nahezu verschwunden. Ähnliches erlebte auch ein norddeutscher Werftarbeiter. Er klagte über Kreislaufprobleme und Gleichgewichtsstörungen. Nach drei Monaten Trinkkur mit Kombucha ging es ihm blendend.

Weltweit gibt es unzählige Beispiele für die Wirksamkeit von Kombucha. Der Teetrunk hat schon bei Depressionen geholfen, erhöhten Cholesterinspiegel und zu hohen Blutdruck gesenkt, Gelenkschmerzen gemildert, chronische Magen-Darm-Beschwerden auskuriert, Rückenschmerzen verschwinden lassen und bei Arthrose, Nasennebenhöhlenentzündungen, Bronchitis, Schuppenflechte, Allergien, Nierenleiden, Fettsucht und vielem anderen geholfen.

Kombucha – ein Allheilmittel?

Das ist mit Sicherheit zuviel des Lobes. Diesen Anspruch kann und darf der chinesische Teepilz nicht erheben! Kombucha kann nicht generell als Zaubertrank gesehen werden, der immer dann wirkt, wenn die Schulmedizin versagt.

Es geht vielmehr darum, die Wirkungen, die durch Kombucha im Körper ausgelöst werden, für bestimmte gesundheitliche Beschwerden gezielt einzusetzen.

Kombucha kann auf zweierlei Ebenen helfen:

- Indem es als unterstützende Begleitung von Therapiemaßnahmen eingesetzt wird,
- indem es die natürlichen Selbstheilungskräfte des Körpers ankurbelt.

So wirkt's

Wie genau die Inhaltsstoffe von Kombucha wirken, ist noch ungeklärt. Betroffenen Patienten ist diese Aufklärung häufig gar nicht wichtig – Hauptsache, ihre Beschwerden nehmen ab. Generell läßt sich über den gesundheitlichen Nutzen von Kombucha folgendes sagen:

- Kombucha schützt vor Krankheitserregern
- Kombucha unterstützt die Darmbakterien
- Kombucha aktiviert das Immunsystem/die Abwehrkräfte
- Kombucha hilft beim Entgiften

So unterstützt es jeden Heilungsprozeß. Es gibt aber auch spezielle Einsatzgebiete:

Blasenentzündung

Unzählige Frauen kämpfen damit: Starker Harndrang, große Schmerzen im Unterleib, Brennen beim Urinieren. Sicherlich kein appetitliches, aber ein wichtiges Thema! Schuld an der Misere sind Bakterien, die sich in der Schleimhaut der Harnblase einnisten und diese reizen. Kombucha hat hier schon oft geholfen. (Sprechen Sie trotzdem erst mit Ihrem Arzt!)

Unbestritten ist die antibiotische Wirkung. Verantwortlich dafür ist der relativ hohe Gehalt an der Flechtensäure Usninsäure und der Gehalt an rechtsdrehender L(+)-Milchsäure. Beide machen ungebetenen Bakterien und Keimen das Leben schwer und schützen dadurch die Blasenwände.

So hilft Kombucha

- Trinken Sie täglich 1 bis 2 Gläser Kombucha-Tee.

Auf Seite 16 finden Sie ausgesuchte Kräutermischungen, die sich als Teegrundlage bei Blasenleiden bewährt haben. Alternativ bieten sich Kräutertee-Mischungen aus folgenden Heilpflanzen an: Birkenblätter, Erdbeerblätter, Hauhechel, Holunder, Indischer Nierentee und Liebstöckel.

Erkältung

Fast jeden erwischt sie durchschnittlich zweimal im Jahr: Die Erkältung. Die Symptome sind allgemein bekannt: Das Schlucken tut weh, die Nase läuft, Appetit und Stimme verschwinden, hinzu kommen oft Glieder- und Kopfschmerzen. (Wenn sich auch noch Fieber einstellt, sollten Sie zum Arzt gehen!) Ist wieder mal eine Erkältung in Umlauf, können Sie sich davor nun wirkungsvoll schützen. Mit Kombucha aus speziellen Kräutertees schlagen Sie den Erregern ein Schnippchen:

So hilft Kombucha

- Machen Sie vorbeugend eine Trinkkur von dreimal täglich je einem Glas (100 ml) Kombucha.

Die Wirkstoffe im herben Trunk halten Bakterien und Viren in Schach. Außerdem bekommt der Körper Vitamin C – dem Vitamin fürs Immunsystem schlechthin.

Power für die Abwehrkräfte: Kombucha schützt wirkungsvoll.

Hilfreiche Kräutertees

Besonders empfehlenswert ist diese Rezeptur:
Je 1 Teil Holunderblüten, Kamillenblüten und Melissenblätter und 2 Teile Lindenblüten.
Alternativ bieten sich Teemischungen aus folgenden Heilpflanzen an:
Odermennigkraut, Hagebuttenfrüchte, Huflattich, Malvenblüten, Schlüsselblumenwurzeln, Fenchel und Schafgarbenkraut.

Muskelkater

Fast jeder kennt ihn nach sportlichen Aktivitäten: bleischwere Beine, ziehende Schmerzen und Stiche bei jeder Bewegung.
Der Grund: hauchfeine Mikrorisse in den Muskeln und Übersäuerung des Gewebes durch Milchsäure. Sie wird immer dann gebildet, wenn der Muskel während seiner Arbeit nicht mit ausreichend Sauerstoff versorgt wird.

So hilft Kombucha

Untersuchungen haben ergeben, daß Personen, die regelmäßig Kombucha tranken, nach sportlichen Aktionen wesentlich weniger mit Muskelkater konfrontiert waren. Die klassische Übersäuerung des Muskels setzte später oder überhaupt nicht ein.

- Der Tip: Trinken Sie täglich zwei Gläser Kombucha (jeweils 100-150 ml).

Schlafstörungen

Für viele ein Horror: Man liegt im Bett, bringt kein Auge zu (so sehr man es sich wünscht), statt dessen wälzt man sich von einer Seite zur anderen. Ist die Nacht dann endlich um, fühlt man sich den ganzen Tag wie gerädert, ist gereizt und hundemüde. Häufig reagiert der Körper auf zuviel Hektik, Streß, Kummer und seelische Probleme mit Schlafstörungen. Man kann nicht abschalten, und das (Gedanken-)Karussell dreht sich weiter.

So hilft Kombucha

Seine Wirkstoffe sollen auf den Organismus beruhigend und besänftigend wirken.

- Viele Kombucha-Freunde trinken als Betthupferl 1 Glas Kombucha.

Wichtig: die richtige Teebasis

Kombucha aus Schwarztee oder Grünem Tee ist als nächtlicher Schlummertrunk eher ungeeignet. Er enthält zu viel Koffein, das eher für Vitalität und Energie sorgt. Bei Schlafstörungen sind entspannende Kräuter die richtige Teebasis. Bewährt:
Je 1 Teil Ehrenpreis, Johanniskraut, Jasmin und Melisse; oder Primel, Baldrian, Orangenblüten und Pfefferminze.

Verstopfung

Für Betroffene ein wirkliches Problem – also schlucken sie Pillen und Tabletten, um das lästige Übel loszuwerden. Allein in Deutschland leiden rund vierzig Prozent der Männer und knapp fünfzig Prozent der Frauen zeitweilig unter Verdauungsproblemen und Verstopfung.
Millionen von ihnen schlucken Abführmittel – mit gravierenden Folgen: Abführmittel, über längere Zeit eingenommen, legen die Darmtätigkeit lahm.
Die Folge: Noch mehr Abführmittel – weil die Darmtätigkeit außer Funktion ist. Ein wahrer Teufelskreis.

Was gilt als Verstopfung?

Unter akuter Verstopfung versteht man die zeitweilige Unfähigkeit, den Darm regelmäßig zu entleeren. Dabei ist »regelmäßig« relativ: Für die einen heißt es zweimal täglich, für andere alle drei Tage. Experten sprechen erst dann von einer chronischen Verstopfung, wenn der Darm über Tage und Wochen nicht mehr alle zwei bis vier Tage entleert wird.
Schuld an der Situation ist meistens zweierlei: Zu wenig Ballaststoffe im Essen und zu wenig Bewegung machen den Darm träge und müde. Aber auch seelische Probleme schlagen sich auf ihn nieder.

So hilft Kombucha

Sein pH-Wert ist ungefähr identisch mit dem des Darmes. Kombucha kurbelt die Bildung von wichtigen Darmbakterien an und schützt sie vor unliebsamen Angreifern. Hinzu kommt, daß Kombucha die Verdauungsdrüsen stimuliert, mehr

Verdauungssäfte auszuschütten. Dadurch können zugeführte Nährstoffe wie Eiweiß, Fett und Kohlenhydrate schneller verarbeitet und durchgeschleust werden.

- Idealerweise trinken Sie 1 Glas Kombucha (etwa 150 ml) morgens nüchtern gleich nach dem Aufstehen.

Die richtige Teebasis

Folgende Heilpflanzenmischungen haben sich bei Verstopfung als Teegrundlage bewährt:
Löwenzahnwurzeln, Senna- und Rotkleeblätter; oder Faulbaumrinde und Wermutkraut.

Frauensache: Die Tage vor den Tagen können ganz schön schwierig sein. Eine Trinkkur mit Kombucha hilft locker drüber weg.

Menstruationsbeschwerden

Es gibt Tage im Leben einer Frau, die können jegliche Freude auf alles verderben: Die Brust spannt, der Bauch krampft und der Kopf dröhnt. »Frau« fühlt sich müde, deprimiert und aufgedunsen. Alles typische Symptome dafür, daß in wenigen Tagen die Periode einsetzt. »Prämenstruelles Syndrom«, kurz PMS, nennen Gynäkologen diese Beschwerden. Verantwortlich dafür sind die hohen Hormonschwankungen im Zyklus. Sie stimmen uns sensibler, so daß wir auf Ärger und Streß viel heftiger reagieren als sonst. Das PMS tritt vor allem bei Frauen ab 40 auf und verschwindet nach der Menopause.
In der zweiten Hälfte des Zyklus ist der Östrogenspiegel besonders hoch, was offensichtlich zu einer verminderten Ausscheidung von Salz und Wasser über die

Nieren führt. Das so zurückgehaltene Wasser wird dann auf die verschiedenen Gewebe im Körper verteilt. Die Folge: Flüssigkeitsanlagerungen mit Schwellung und Schweregefühl in Brüsten, Bauch, Fingern und Waden.

So hilft Kombucha

Durch seine harmonisierende Wirkstoffkombination steigert der Teepilz bei vielen Frauen das allgemeine Wohlbefinden. Die Tage vor den Tagen und die Zeit während der Periode sind oft leichter auszuhalten, und in manchen Fällen sind die Symptome sogar wie weggeblasen.

- Machen Sie also rechtzeitig ein kleine Trinkkur: Beginnen Sie etwa 10 Tage vor der Periode, ein bis zwei Gläser (je Glas etwa 150 ml) Kombucha über den Tag verteilt zu trinken.

Die richtige Teebasis

Folgende Heilpflanzenmischungen haben sich bei Menstruationsbeschwerden als Teegrundlage in vielen Fällen bewährt:

- Mischung 1:
je 2 Teile Schafgarbenkraut und Kamillenblüten,
je 1 Teil Sennablätter, Johanniskraut und Fenchelfrüchte
- Mischung 2:
je 1 Teil Frauenmantelkraut, Johanniskraut, Melisse und Jasmin
- Mischung 3:
2 Teile Kamille,
je 1 Teil Baldrian, Johanniskraut, Melisse und Fenchel
- Mischung 4:
je 2 Teile Grüner Tee, Melisse, Hopfen, Pfefferminze, Weißdorn und Schafgarbe,
je 1 Teil Senna und Kamille

Kopfschmerzen

Die meisten Menschen werden nur dann und wann von Kopfschmerzen geplagt, einige leiden öfters ziemlich heftig und manche sogar regelmäßig. Das Gemeine daran: Kopfschmerzen können zu jeder Tageszeit auftreten und unterschiedlich ausgeprägt sein. Die Schmerzen reichen vom leichten Druck im Kopf über pochende und dumpfe Stiche an der Stirn und um die Augen bis hin zum hämmernden, unerträglichen Schmerz unter der Schädeldecke.
Häufig sind diese Symptome Begleiterscheinungen von anderen Krankheiten.
Bei Dauerkopfschmerzen deshalb: zum Arzt gehen!

Eine besondere Variante ist der Spannungskopfschmerz. Er wird ausgelöst durch Streß oder Erschöpfung.
Bei Migräneattacken treten die Kopfschmerzen zumeist in einer Kopfhälfte auf und breiten sich dann langsam aus. Ihre Vorboten sind oft Erbrechen, Lichtempfindlichkeit, Sehstörungen und manchmal auch ein Kribbeln in einem Arm.

So hilft Kombucha

Auch bei Kopfschmerzen gilt: Stärken Sie Ihre allgemeinen Abwehrkräfte. Das fängt bei einer intakten Darmflora an.

Denn in manchen Fällen können Stoffwechselunregelmäßigkeiten der Auslöser für Kopfschmerzen sein.

- Trinken Sie 2- bis 3mal täglich 1 bis 2 Gläser Kombucha-Tee (à 100 bis 150 ml).

Hilfreiche Teemischungen

Folgende Heilpflanzenmischungen haben sich bei Kopfschmerzen als Teegrundlage bewährt:

- Mischung 1:
2 Teile Mate,
je 1 Teil Angelikawurzel und Melissenblätter
- Mischung 2:
2 Teile Mate,
je 1 Teil Ehrenpreiskraut, Primel und Petunienkraut

Speziell bei Migräne

- Mischung 1:
Je 1 Teil Ehrenpreiskraut, Mate und Jasmin
- Mischung 2:
Je 1 Teil Pfefferminze, Primel und Jasmin

Abnehmen mit Kombucha?

Essen ist eine tolle Sache: Es hält uns am Leben, macht Spaß bei der Zubereitung und noch mehr Freude, wenn das fertige Food auf dem Tisch steht und im Kreise lieber Freunde genossen wird. Leider bringt Essen auch Probleme auf den Tisch. 90 Prozent (!) aller weiblichen Teenager halten sich – nach einer Studie der Deutschen Gesellschaft für Ernährung – für zu dick. Fast jede zweite Frau will permanent abnehmen und macht darum in regelmäßigen Abständen die seltsamsten Hungerkuren.

Abnehmen beginnt im Kopf!

Hungerkuren aber fördern nur den berühmten Jojo-Effekt (5 kg abnehmen, 7 kg zunehmen …). Das einzige, was hilft: Die Denkweise von Grund auf erneuern. Wie wenig sinnvoll ist es, während der (lästigen) Diättage auf Knäckebrot und Karotten herumzubeißen, wenn an den anderen Tagen die Sahnetorte zum Frühstück und die Chips vor dem Fernseher schmecken?!

Es gibt auch keine wirklich wirksamen Wundermittel. Selbst Kombucha allein bringt's nicht – damit verlieren Sie nicht ein Gramm überflüssiges Fett!

Fasten statt Diät

Wenn Sie aber schnell mal ein paar Kilo abnehmen wollen und zugleich etwas für Ihre Gesundheit tun möchten, dann bietet sich das Fasten an.
Wer fastet, reinigt seinen Körper von Schlacken und Giftstoffen. Alles, was sich im Laufe der Zeit hartnäckig im Organismus angesammelt hat, wird gründlich herausgespült und abtransportiert. Und Sie werden merken, wie gut es dem Körper tut, wenn er sich einmal nicht durch große Futterberge durchbeißen muß. Menschen, die zehn oder mehr Tage am Stück heilfasten, entwickeln

plötzlich Bärenkräfte. Obwohl sie nichts essen, stecken sie voller Power. Kein Wunder: Etwa 30 Prozent der Gesamtenergie braucht der Körper für die Verdauungsarbeit. Fällt diese weg, wird eine Menge Energie frei … Eine Fastenkur ist jedoch kein Zuckerschlecken: Sie greift massiv in den Stoffwechsel ein, jede Zelle wird gefordert, jedes Organ mit einbezogen. Aber: Richtig angewendet (längere Kuren mit dem Arzt absprechen!), hält Fasten den Körper fit und gesund.

Kombucha unterstützt das Fasten

Kombucha kann mit in den Fastenplan eingebaut werden. Es liefert eine Menge günstiger Nähr- und Vitalstoffe (etwa Vitamine, Mineralstoffe) und kurbelt mit seiner Milchsäure auf sanfte Weise die Verdauung an.

- Trinken Sie zwei bis drei Gläser (je 150 ml) Kombucha über den Tag verteilt, insgesamt nicht mehr als $^{3}/_{4}$ Liter.

Sehr sinnvoll ist die sanfte Fastenvariante:

Regelmäßig, etwa einmal pro Woche ein eingestreuter Fastentag – zum Beispiel ein Obst- oder Gemüsetag.

Das Richtige essen mit Genuß, mal einige Fastentage zwischendurch zur Entschlackung und Kombucha für die Verdauung – das hält fit & schlank.

Gesucht – gefunden

Hier gibt's den Pilz

Im folgenden die Adresse von einer wahren Kombucha-Freundin. Sie züchtet den Teepilz seit einigen Jahren, macht sehr gute Erfahrungen mit ihm und verschickt ihn auch gerne per Post an Sie – mit etwas Nährflüssigkeit eingepackt in dicke Folie.

Preis: 15 Mark Vorauskasse plus 6,90 Mark Porto in Briefmarken.

Brigitte Schacht
Bültener Weg 11
28857 Syke-Barrien

Tel. 04242 / 77 265

Buchtips

Bielefeld, Jochen: *Ganz schön saftig. Die besten Gesundheits-Drinks;* Gräfe und Unzer Verlag

Bodensteiner, Susanne: *Tee in aller Welt;* Gräfe und Unzer Verlag

Bohlmann, Friedrich: *Sauer macht gesund. Fit mit Sauerkraut, Kombucha, Joghurt & Co.;* Gräfe und Unzer Verlag

Golz, Dr. Helmut: *Kombucha;* Ariston Verlag

Harnisch, Günter: *Kombucha;* Turm Verlag

Hirschsteiner, Tanja: *Von Apfelessig bis Weißdorn. Die besten Haus- und Naturheilmittel;* Gräfe und Unzer Verlag

Kempe, Christina: *Super-Schlankmacher Apfelessig. Abnehmen wie von selbst;* Gräfe und Unzer Verlag

Liebke, Frank: *Algen. Super-Heilkraft für Körper und Geist;* Gräfe und Unzer Verlag

Lützner, Hellmut: *Wie neugeboren durch Fasten;* Gräfe und Unzer Verlag

Pahlow, Mannfried: *Hausapotheke;* Gräfe und Unzer Verlag

Pahlow, Mannfried: *Heilpflanzen;* Gräfe und Unzer Verlag

Sesterhenn, Birgit: *Entschlacken 1x pro Woche;* Gräfe und Unzer Verlag

Tietze, Harald: *Kombucha;* mvg-Verlag

Sachregister

Über die Autorin

Birgit Sesterhenn ist Diplom-Oecotrophologin und ausgebildete Journalistin. Sie lebt bei München und arbeitet dort als Buchautorin und als Medizin-Journalistin für verschiedene Magazine und Tageszeitungen. Für Gräfe und Unzer hat sie bereits die GU-Ratgeber »Entschlacken 1mal pro Woche« und »Natürlich verhüten? Aber sicher!« geschrieben.

Dank

An dieser Stelle ein ganz dickes Dankeschön an Angela Hermann-Heene und Felicitas Holdau für die fabelhafte Zusammenarbeit – so funktioniert ein Team!

Wichtiger Hinweis

Die Ratschläge des vorliegenden Buches wurden sorgfältig recherchiert und haben sich in der Praxis bewährt. Jede(r) Leser(in) ist aufgefordert, selbst zu entscheiden, ob und inwieweit er/sie Kombucha innerlich und äußerlich anwenden möchte. Autorin und Verlag übernehmen keine Haftung und keine Garantie für bestimmte Wirkungen, da jeder Mensch auf Kombucha individuell reagiert.

Bildnachweis

Fotos: Tom Roch

Weitere Fotos:
Jahreszeiten-Verlag: Titelbild;
Tony Stone/Ken Scott S. 4, Jerôme Tisne S. 34, Timothy Shonnard S. 40
Werner Blessing S. 7;
Zefa/G. Baden S. 11 ;
Studio Reiner Schmitz S. 19;
Christian Teubner S. 19;
Bavaria/TCL S. 3, 26, 29, 39;
Bavaria/FPG S. 3, 33;
Premium/Images Colour S. 42;
Image Bank/Simon Wilkinson S. 45

Impressum

Projektleitung:
Angela Hermann-Heene
Redaktion und Gestaltung (DTP):
Felicitas Holdau
Umschlag- und Innenlayout:
Heinz Kraxenberger
Herstellung:
Susanne Mühldorfer
Lithos: Repro Schmidt, Dornbirn
Druck und Bindung: Alcione, Trento

ISBN 3-7742-4334-4

Auflage	5.	4.	3.	2.	1.
Jahr	03	02	01	00	99